Comunicación

Una guía práctica para expresar sus pensamientos de manera convincente e inspirar sutilmente a otros

(Técnicas simples y efectivas para obtener la confianza y el respeto que mereces)

Braulio Romera

TABLA DE CONTENIDOS

El Mapa De Nuestra Mente 1
Maximizar La Conexión Entre Pantalla Y Almacén 14
Conozca Tu Valor Y Reciba Lo Que Mereces 19
Riqueza Intelectual 22
Habilidades De Escucha 44
Panorama Actual 54
Comunicación Escrita 59
Conclusión 68
La Forma En Que Se Organiza La Comunicación 70
Comunicación Por Medio De Acero 78
Comunicarse Con El Liderazgo 97
Principios De La Libertad De Expresión 108
Trabaja Contigo Mismo Primero 115
El Desarrollo De La Comunicación No Verbal En Los Niños 121

El Mapa De Nuestra Mente

Esta frase seguramente se ha escuchado en algún momento. Es una suposición de la PNL. Durante un largo período de tiempo, pensé que esta frase se refería a Richard Bandler, uno de los "padres" de la PNL. La expresión es de Alfred Korzybski, el padre de la Semántica General. El Sr. Korzybski defendió la teoría de que el sistema nervioso y el lenguaje humanos limitan el conocimiento humano. En otras palabras, su visión de la realidad es diferente de la realidad.

Imaginemos que poseemos el mapa de una ciudad cualquiera. Aunque el mapa muestra cómo es esa ciudad, no es la ciudad. El mapa se mantendrá como el primer día con el tiempo, pero la ciudad habrá cambiado. Es probable que después de un tiempo, al guiarnos por la ciudad con nuestro mapa, descubramos que hay algunas cosas que no coinciden. Algunas calles pueden haber sido alteradas. Por ejemplo, crear un parque en un lugar donde antes no había nada. Se han edificado zonas nuevas que no se encuentran en nuestra lista. Aunque el mapa permanecerá idéntico, no será una representación precisa de la ciudad. No se convertirá en una realidad.

Imaginemos que un amigo nuestro tiene otro mapa de la misma ciudad, pero más actualizado y moderno. Los dos tenemos un mapa de la misma ciudad, pero nuestra percepción de ella será diferente si nos guiamos por nuestros mapas. Es posible que no nos pongamos de acuerdo al buscar un punto de encuentro porque, a pesar de estar en la misma ciudad, nuestros mapas no coinciden y, por lo tanto, nuestra percepción es diferente.

¿Y qué relación tiene todo esto con la comunicación?

Es muy relevante. Cada uno de nosotros tiene una forma diferente de ver la realidad. Podríamos decir que nos guiamos por un "mapa" que hemos construido en nuestro cerebro, en nuestra mente. un "mapa" que actualizamos todos los días. Este "mapa" nos muestra cómo actuar en situaciones específicas. Lo que es apropiado y lo que no. lo que nos agrada y lo que no. Es como un filtro, o filtros, que hemos creado para ver la realidad que nos rodea. Nuestra "mapa mental" es lo que yo llamo.

Sin embargo, ¿no es lo mismo que la percepción?

¿Sí o no? Nuestra percepción está influenciada por nuestro "mapa mental". En realidad, es todo el conjunto de información y experiencias que hemos heredado o aprendido desde que nacimos. Nuestra percepción actual es el resultado de todo este conocimiento y experiencia acumulados.

No puedo entender lo que estás diciendo con respecto a los conocimientos y experiencias que has heredado o aprendido.

Todo lo que nos han enseñado y hemos dado por bueno se conoce como experiencias o conocimientos heredados. En casa, en la escuela, en la universidad, en nuestra familia, con nuestros amigos, etc. Las experiencias y los conocimientos aprendidos son aquellos que hemos aprendido por nosotros mismos, ya sea porque nos cuestionamos algo que heredamos cambiando nuestra opinión o porque lo hemos aprendido a través de una experiencia real.

Nuestras creencias han surgido como resultado de todo este conjunto de conocimientos y experiencias.

¿Qué es entonces una creencia?

Una creencia es un sentimiento de que algo es cierto aunque no lo hemos verificado. Si estuviera comprobado, sería una certeza en lugar de una creencia. La creencia se define en el diccionario de la R.A.E. como: "Crédito completo que se presta an un hecho o noticia como seguros o ciertos".

Nuestro "mapa mental" está principalmente formado por las creencias que consideramos buenas. Un ejemplo sería:
Creo que la mejor hora para escribir es por la noche cuando todos están dormidos. Mi experiencia ha demostrado que durante la noche soy más creativo, me concentro mejor y escribo más fácilmente. Si alguien me preguntara cuándo es el mejor momento para escribir mi respuesta, respondería que es por la noche.
Mi amigo Fernando, por otro lado, prefiere escribir por la mañana porque, según él, al amanecer se vuelve más

fresco, más creativo y escribe con mayor facilidad.

Serían diferentes si nos preguntaran cuál es el mejor momento para escribir nuestras respuestas. ¿Quién está en lo correcto? Los dos tenemos razón porque creemos que nuestra estrategia es la mejor. Nuestras percepciones y creencias varían según nuestra experiencia.

Pongamos otro ejemplo: es muy probable que una persona que haya nacido en occidente haya crecido en una cultura judeocristiana y en un contexto geopolítico específico. Su educación y cultura han establecido una variedad de creencias sobre la moral, el comportamiento, lo que está bien y lo que no. Sin embargo, es muy probable que si esta persona hubiese nacido en China fuera budista, además de haber crecido en un entorno completamente diferente al de occidente. Sus creencias variarían. ¿Cuál de las dos es justificada? Todas dos. Su perspectiva de la realidad varía según sus creencias. Su "mapa mental" no es el mismo.

Otro ejemplo: intente pedirle a alguien que te explique qué significa "correcto" o lo "correcto" para él o ella. Realiza la prueba.
Define lo que te parece "correcto". Te aseguro que hay variedades. "Quien actúa de acuerdo con las normas". ¿Según las normas de quién? Algo que puede ser "correcto" para mí puede no serlo para otra persona.

Hace algunos años, en una entrevista que le hicieron a Sebastian Vettel, piloto de Fórmula 1, en la revista XL Semanal, le solicitaron que explicara la definición del adjetivo "injusto". "Actuar de una manera diferente a como an uno le gustaría que lo trataran", respondió. Es posible que Fernando Alonso, otro piloto de Fórmula 1, comparta esta opinión, sin embargo, en varias ocasiones ha considerado que las actuaciones de Vettel en carrera eran injustas y viceversa. En todas estas situaciones, ambos se sentirán satisfechos porque considerarán que su comportamiento fue adecuado y equitativo.

Estoy de acuerdo contigo. Sin embargo, ¿qué relación tiene todo esto con la comunicación?

La mayoría de los conflictos surgen de una dificultad para comunicarse. Más adelante veremos cómo aprender a comunicarnos, enviar un mensaje, orden, petición o consulta y que nos interpreten entendiendo exactamente lo que queríamos decir. O que aprendamos an escuchar de la manera más efectiva y objetiva posible. Sin embargo, lo primero de lo que tenemos que ser conscientes es que cuando decimos algo, como cuando escuchamos, lo hacemos desde nuestro "mapa mental", nuestra percepción de la realidad, y es muy probable que el "mapa" de la persona que tenemos enfrente sea muy diferente al nuestro. Nunca tendremos una buena comunicación si no lo consideramos.

Nunca podremos comprender completamente su mensaje. Debemos aceptar que nuestra forma de vivir y ver la realidad no es la misma que la de los demás.

Esto no implica que debemos aceptar o estar de acuerdo con su opinión. Habremos avanzado si nos damos cuenta de que su realidad es diferente a la nuestra.

Puede que no estemos de acuerdo o aceptemos su punto de vista, pero podemos comprender por qué piensa y actúa de esa manera.

Esto me hace sentir empatía...

Sí, tiene que ver con la empatía, pero con una empatía bien entendida. El darnos cuenta de que la persona que tenemos delante tiene una percepción diferente de la realidad nos permite colocarnos en su lugar y comprender su comportamiento.

Esto es muy importante en nuestra vida profesional. La persona que introdujo el concepto de Inteligencia Emocional, Daniel Goleman, nos ofrece tres razones por las que la empatía es tan importante. La primera es que trabajamos más juntos. La globalización también implica dificultades de comunicación y confusiones. La tercera es la importancia de mantener al talento en las empresas.

De esta manera nos lo explica:

Los líderes que son empáticos hacen mucho más que simplemente simpatizar o sentir compasión por las personas que tienen alrededor. Usan ingeniosamente sus conocimientos para mejorar sus empresas. Esto no implica que estén de acuerdo con todos los puntos de vista ni que quieran agradar o caer bien a todos, pero sí tienen en cuenta los sentimientos de sus empleados junto con otros factores al tomar decisiones.

No se trata de facilitar la vida de los demás ni de aspirar a que todos estén felices. Se trata de comprender sus sentimientos, interpretar su "mapa" y utilizar esta información para tomar las decisiones más apropiadas para cada situación.

Todo esto está bien. Pero ¿cómo puedo entender, ver o simplemente percibir que el "mapa" de la otra persona es diferente al mío?

Aunque parezca contradictorio o extraño, la solución radica en que lo hagas desde tu perspectiva real. Abriéndote, observando, no dando nada por seguro, mirando fuera de los márgenes, cuestionando todo lo que ves y escuchas. En última instancia, estando dispuesto a cuestionar tus propias creencias.

Cuando no entiendes la postura de alguien, pregúntate: ¿qué está pensando para adoptar esa postura? ¿Qué es lo que respalda su perspectiva? ¿Qué es lo que influye en su pensamiento? Trata de no ver la situación desde tu punto de vista. Ponte en su lugar por un momento.

Necesitaremos un poco de práctica, como todos los campos. Al principio será difícil porque es como perder el control o bajar las defensas, pero el resultado puede ser muy beneficioso. Verás cómo mejora tu capacidad de comunicación, aprenderás a ser más objetivo u objetivo, menos crítico y te abrirás a nuevas perspectivas y experiencias.

En pocas palabras, cada vez más ampliarás tu "mapa" y tendrás una mejor, mejor y diferente percepción de la realidad que te rodea.

Maximizar La Conexión Entre Pantalla Y Almacén

Retorno a Engagement in the Age of Now requires marketers to master emotional communication, to pull consumers into a relationship in an instant. Sin embargo, la combinación eléctrica de vista, sonido y movimiento es más efectiva que eso.

This is what we used to refer to as television. Actualmente lo vemos en cualquier lugar: en computadoras, tabletas y teléfonos móviles, lo vemos en vivo y lo descargamos. ¿Es televisión? ¡Claro que sí! En la época actual, las pantallas transmiten televisión rápidamente: en casa, en la calle, en viaje, en el comercio, en el instante. No importa cómo obtuvimos nuestra cantidad de televisión. Es importante que lo amemos. Esto refleja nuestra base de maquillaje, ya que los humanos son seres muy visuales. El 20% de lo que leemos y el 80% de lo que vemos se nos aclara.

Además, todo está en movimiento. Cada día, YouTube transmite 200 millones de reproducciones móviles. Los consumidores tendrán sus pantallas encima todos los días del año. La transmisión en línea y el uso de teléfonos inteligentes experimentarán un crecimiento notable, combinando cada vez más la búsqueda en línea con la experiencia en el establecimiento.

Una vez, una consumidora decidió qué comprar cuando se enfrentó an una estantería del supermercado. Procter & Gamble llama an esto el Primer Momento de Verdad y desarrolla sus estrategias de marketing a partir de este punto de vista. El concepto es que lo más importante es que tu idea funcione en el momento en que un consumidor piensa en comprar algo.

Google inventó el término "Zero Moment of Truth" en reconocimiento de que las decisiones de compra son cada vez más influenciadas por lo que sucede antes de que un consumidor llegue al establecimiento o frente an una pantalla.

El trabajo de los vendedores en este contexto no es satisfacer, sino inspirar y sorprender, impulsando el proceso de compra desde la primera impresión en casa o en el viaje hasta la compra en el establecimiento.

La intimidad es más importante que la escala. La sinceridad transforma a los compradores en compradores, y la colaboración entre proveedores y vendedores es necesaria para lograr ese gesto ideal. You need to work "shelf back", collaborating around a big transformational idea to reach back from the First Moment of Truth, and thrill and delight.

El lanzamiento de China's Got Talent por parte del fabricante de shampoo Head and Shoulders unió pantalla y almacenamiento en torno an una gran idea transformadora, llevando el fenómeno de talentos globales al país más populoso y más grande del mundo. Sin embargo, en lugar de ser el dueño de los derechos de nombre del programa, Head & Shoulders co-owned it, reinventando el formato para conectar fuertemente a Head & Shoulders con una sensación de oportunidad y aspiración.

Audiciones se llevaron a cabo en más de 500 tiendas en todo China, brindando a las personas la oportunidad de demostrar su habilidad. Jolin, la famosa de Head & Shoulders, apareció en todos los medios, animando a las personas an abandonar sus inhibiciones y asumir su lugar en el escenario. Jolin recibió invitaciones para participar en el evento. The screen was an essential element of the campaign – in addition to the TV show, an online stage was also created, with blogs and video diaries of hopefuls.

The campaign was extremely successful, connecting consumers with the Head and Shoulders brand and converting emotion into sales at the moment of truth. Head & Shoulders was associated with opportunity, confidence and living without hesitation, while sales grew by 137% and 132% over two months, achieving a historical market share high of 18.5%.

Conozca Tu Valor Y Reciba Lo Que Mereces

Ahora, cuando les das valor an otros, asegúrate de recibir lo que vales. Se da cuenta de que eres valioso y merece ser tratado como tal. Un error importante que cometen los hombres y mujeres, especialmente los jóvenes, cuando comienzan an experimentar niveles masivos de éxito, es subestimarse a sí mismos y permitir que otros los intimidan y los manipulen.

¿Cómo es esto ahora?

Demasiado ayudas a los demás y obtienes muchos resultados, pero nunca pides nada a cambio o no eres lo suficientemente persistente como para terminar el trato. No estoy hablando de acosar a la gente en este momento. Como mencioné anteriormente, las personas de alto valor inevitablemente responderán a tu ayuda. Si no lo hacen o no están dispuestos a hacerlo, simplemente debes seguir.

Observo que muchas personas exitosas se devalúan a sí mismas frecuentando con estos perdedores disfrazados, haciendo su voluntad y sin obtener nada a cambio porque están demasiado asustados para dejar a alguien por cualquier razón. Otros también te percibirán como de bajo valor si te ves a ti mismo como tal.

Recuerda que, especialmente si estás ayudando a los demás a lograr sus objetivos, los demás definitivamente disfrutan lo que estás haciendo por ellos. Si te alejas de esta relación unilateral y manipuladora, saldrás de ella o, en el mejor de los casos, la otra persona se dará cuenta de que debe tomarte en serio. En general, cómo te ves a ti mismo influye en cómo te ven los demás. Los demás no volverán a usar este tipo de cosas una vez que tengas la confianza de ser realmente dueño de tu valor.

Recuerda los resultados que has podido lograr, el tiempo que te llevó hacerlo y los sacrificios que has hecho mientras tus compañeros estaban de fiesta o lo tomaban con calma. Eso es lo que realmente importa, y deberías verlo de esa manera. Si está en uno de los caminos del éxito (interior o exterior), entonces aprovéchalo y tómalo en serio. No intentes convencer a los demás de que tienes un alto valor; simplemente cree en ti mismo y los demás lo aceptarán.

Riqueza Intelectual

En la actualidad, en una época posindustrial, de conocimiento intensivo y hipercompetitiva, en la que se explotan mercados globales, es esencial que una empresa tenga la habilidad de cuidar y desarrollar su capital intelectual para obtener una ventaja frente a sus competidores. Las patentes, los derechos de autor y otras formas de propiedad intelectual son solo una pequeña parte del capital intelectual.

Todas las cosas intangibles que hacen que los activos físicos sean valiosos y tienen un impacto directo en el valor agregado de una empresa se conocen como capital intelectual. Es el principal responsable de lograr la eficacia y eficiencia en la empresa.

Es la suma y la sinergia de todo el conocimiento que reúne una empresa, toda la experiencia acumulada en sus miembros y todo lo que ha logrado en términos de relaciones, procesos, descubrimientos, innovaciones, presencia en el mercado y impacto en la comunidad.

El capital intelectual incluye el conocimiento, pero no es lo mismo que la inteligencia. La inteligencia es lo que se necesita para crear conocimiento, mientras que el conocimiento es una síntesis de información. Las habilidades necesarias para aprender, transmitir conocimiento, razonar, ver lo que es posible, encontrar nuevas interpretaciones, generar alternativas y tomar decisiones sabias se conocen como inteligencia.

Al expandir la inteligencia, se produce capital intelectual que permite la creación de nuevo conocimiento, o materia prima que permite a las personas innovar creando nuevos productos, servicios, procesos y técnicas de gestión. Los líderes deben dominar el arte de fomentar la conversación entre los miembros del equipo porque el conocimiento se crea y se transmite a través de la conversación.

El capital estructural compone el capital intelectual. El capital estructural es todo el valor intangible que queda en la organización después de que sus empleados la dejan cada día.

recursos humanos. Se refiere al conocimiento útil para la empresa que poseen sus empleados y personal, así como su capacidad para renovarlo; es decir, su capacidad de aprender. Una forma simple de diferenciar el capital humano es que la empresa no lo posee, no puede comprar, sino que lo alquila por un tiempo determinado.

- El capital asociativo. Es el valor de la red de relaciones de una empresa con sus diferentes agentes del entorno (proveedores, asesores, clientes, instituciones educativas, etc.).

Fidelidad basada en el conocimiento

Las empresas deben mantenerse actualizadas debido a los cambios constantes del mercado, los ciclos de vida cada vez más cortos de los productos y la rapidez de evolución de las tecnologías. La necesidad de las empresas de adaptarse an estos cambios ha llevado a que los procesos de capacitación de sus empleados se conviertan en una necesidad real y cotidiana.

Desde hace mucho tiempo, las organizaciones han implementado procesos de capacitación interna utilizando técnicas convencionales en las que el instructor es el centro del proceso de capacitación. La organización ha sido y debe ser responsable de establecer el nivel de conocimiento de sus empleados, pero también debe ser responsable de adaptar las necesidades comerciales a las necesidades personales, lo que resultará en una mayor motivación de los empleados. Los principales factores que contribuyeron a los grandes fracasos de la empresa fueron los procedimientos utilizados por la organización para establecer y planificar su plan de capacitación de manera unidireccional, sin considerar los intereses individuales.

Debemos comprender un proceso de capacitación como una forma de satisfacer tanto las necesidades formativas del negocio como las aspiraciones personales del empleado, lo que motivará y fidelizará al empleado.

Las empresas deben administrar sistemas de motivación para sus empleados debido al dinamismo del mercado, a la dificultad de contratar personal especializado, a la alta rotación y a la disminución de la permanencia en el trabajo (entre tres y cuatro años). Esta motivación se enfoca en un objetivo doble: mantener y fidelizar a su personal y mantener su conocimiento interno.

Además, las empresas están cada vez más interesadas en buscar y promover el conocimiento interno de su personal como una parte esencial del éxito. Los líderes son aquellos que pueden adquirir, administrar y difundir dicho conocimiento de la manera más eficiente, rápida y económica.

Cada vez es más crucial establecer sistemas de fidelización en las organizaciones que garanticen al máximo la perdurabilidad de los empleados. Es necesario desarrollar métodos que permitan el intercambio y la retención de información en esta misma dirección. Esto permitirá que el conocimiento se comparta, lo que reducirá la pérdida en caso de fuga porque la empresa podrá mantener el conocimiento y mantener su competitividad. Las organizaciones deben establecer un sistema de gestión del conocimiento para alcanzar este objetivo. Este sistema debe reciclar los recursos de la organización para que sus empleados consulten y adopten prácticas ejemplares en lugar de volver a desarrollarlas.

Esta tarea es difícil porque implica cambiar la cultura de la empresa y los procedimientos de los empleados. Estos deben aceptarlo no como una retribución, sino como una mejora y apoyo en su desempeño laboral.

Una vez que se ha implantado, se debe evitar que se convierta en un saco sin fondo del que sea imposible recuperar todo el conocimiento de la empresa de manera ordenada y lógica. Para lograrlo, es necesario mantener sistemas de información actualizados, aprovechar la tecnología disponible y fomentar un cambio en la cultura que fomente la actitud proactiva de los empleados.

Si lo entendemos como la utilización de la tecnología de internet y el intranet para desarrollar procesos formativos, el aprendizaje electrónico parece ser la solución a todos estos problemas. Esta herramienta tecnológica facilita el acceso an una red de conocimiento dinámica, lo que permite a las personas realizar un aprendizaje adaptable y personalizado. Las empresas pueden desarrollar, mantener y fidelizar a su personal an un costo más competitivo.

El valor del protocolo corporativo

La frase "protocolo" generalmente se asocia con eventos institucionales, atuendos o rituales similares. Sin embargo, todo lo que implica esta idea está ganando importancia en las empresas que buscan una gestión efectiva. Observemos la razón.

Primer paso: comprender lo que es

Todos hemos presenciado en televisión (o quizás en persona) eventos en los que una persona pública interviene y en los que el protocolo debe ser el más importante. ¿Pero tenemos conocimiento de lo que es exactamente? No se trata de la vestimenta, la conducta o el comportamiento, el uso del código lingüístico, el registro o el procedimiento, sino de todo junto. En consecuencia, es crucial enfatizar que el protocolo institucional y el protocolo comercial no son idénticos. Sí, en esencia, pero la visión debe ser diferente.

Quizás en este momento estés pensando que en tu empresa sí se aplica porque cuando viene una persona importante, sigues un ritual, como hacerle una recepción o bienvenida, pasear por las instalaciones de tu empresa o incluso mostrar una bandera de tu lugar de origen que lo haga sentir más cómodo. Eso es evidentemente protocolario, pero vuelve a ser institucional y no lo investigaré. En realidad, quiero concentrarme en los protocolos empresariales, que son esenciales para mantener la armonía dentro de la empresa, mantener el orden y hacer que todos los procesos sean más eficientes.

¿Es un componente significativo?

En realidad, es crucial, o sea, es más que crucial, y debe tenerse en cuenta cuando se decide el curso de acción de su empresa.

El protocolo establece las rutas de actuación y comunicación, el momento adecuado para llevar a cabo las acciones, a quién dirigirse cuando surja un problema, a quién solicitar información, a través de qué medio y el tiempo previsto para completar una acción específica. Además, determinará qué debe hacerse todos los días, como contestar una llamada de un cliente, qué tono usar y dónde están las líneas rojas del teléfono. Es posible que también tome en cuenta la vestimenta (sea por razones de seguridad o de estética) y cómo todos los empleados deben mantener limpio su lugar de trabajo, especialmente si está a la vista de personas que no están en la empresa.

Todas las acciones que se llevarán a cabo dentro de la empresa, ya sean internas o externas, están incluidas en el protocolo corporativo y definen cómo deberían ser. Por lo tanto, encontraremos muchos protocolos más específicos para cada área de actuación bajo su paraguas. Estos incluyen comunicación, seguridad informática, atención al cliente, emergencia, accidente, protección de datos, crisis, gestión de desechos y muchas otras opciones que dependerán del tipo de empresa en la que se quieran aplicar.

Si es así, ¿no crees que un protocolo corporativo sólido es esencial para que tu empresa funcione correctamente?
áreas más comunes a las que afecta el protocolo empresarial
- Forma parte de la identidad de la empresa. Es evidente que la forma en que decidimos actuar nuestra empresa determinará cómo queremos que se represente ante nuestros clientes (tanto internos como externos) y le dará una identidad propia.

Fortalece las relaciones laborales. Aunque no es una fórmula mágica que hará que todo el mundo se lleve bien, ayudará a reducir los conflictos que puedan surgir por una falta de protocolo.
Aumenta la productividad. Los trabajadores tendrán una hoja de ruta para completar su trabajo y se reducirán las incidencias y los procesos se agilizarán.

• Mejora la imagen de la empresa. La imagen entendida como prestigio, por supuesto. Si se proyecta una sensación de orden, sin duda será una característica ventajosa que se relacionará con la idea que queremos transmitir de nuestra empresa.

• Aclara nuestra propuesta de valor. ¿Qué nos distingue de nuestros competidores? Los detalles, que todos conocemos, son precisamente eso. Si prestaras atención a los pequeños detalles que tus competidores no tienen en cuenta y que los clientes potenciales valoran tanto, podrías marcar esa diferencia aún más. Los incorporarías al protocolo y los convertirías en parte de tu cultura empresarial.

- Calidad superior. La calidad de su producto o servicio aumentará de forma automática y sus clientes lo notarán si el protocolo está bien definido, adaptado adecuadamente y se sigue (que es otro tema importante que veremos en el siguiente apartado). que, por cierto, también puede convertirse en otro de los "detalles" que te diferenciarán de los demás.

El cumplimiento del protocolo es tan crucial como seguirlo.

Crear un protocolo para una empresa requiere un estudio previo para determinar la situación de la que se parte, los objetivos que se quieren alcanzar y luego analizar las diferentes vías a través de las cuales se puede actuar para alcanzarlos y determinar cuál será la más apropiada en nuestro contexto. Aunque ya ves que existe un trabajo previo bastante tedioso y que no se aprecia tan fácilmente, el siguiente paso es tomar acción. Aunque podríamos decir que la fase más crucial llega justo después y se basa principalmente en seguir el protocolo.

¿No te parece estúpido tener que hacer referencia an esto? En resumen, muchas empresas acaban por ignorar sus propios protocolos. ¿Cuál es la razón detrás de esto? Es posible que sea debido a que la empresa ha cambiado y los empleados que antes eran útiles han dejado de ser útiles, porque tenemos una plantilla o empleados desmotivados que simplemente no siguen los protocolos corporativos, porque cuando se definieron no iban en línea con los valores corporativos y se han apartado naturalmente de la vida cotidiana de la empresa, etc. En muchos casos, cometemos el error de no revisarlos o de restarles importancia porque existen otros factores que requieren más atención en nuestro día a día y nos obligan a relegar el control del protocolo an un cajón de tareas pendientes que muy raramente revisamos. No debes permitir que eso ocurra. Ya estás consciente de la importancia del protocolo corporativo, por lo que es fácil imaginar qué pasaría si no tuvieras control sobre él.

La vida útil del protocolo de la empresa

Ya hemos revisado los pasos para implementar un protocolo en nuestra empresa, pero ¿ya está? Aunque muchos empresarios lo creen, no es así. Lo siento, pero no es un cuadro que compras, colocas en la pared y no le prestas mucha atención. La empresa tendrá que tomar medidas específicas para una situación muy particular para evolucionar, ya sea a través del turnover [1] de la plantilla (del cual hablaremos más adelante). No importa la razón, lo que realmente importa es que cambiará y, como resultado, el protocolo corporativo deberá adaptarse a la nueva figura de la empresa.

Para controlar este aspecto, será necesario realizar revisiones regulares para determinar si el protocolo actual es adecuado para alcanzar los objetivos corporativos que buscamos. Si es así, hasta la próxima auditoría de control. Si no es así, se requerirá una revisión completa para adaptar el protocolo empresarial a la nueva situación.

¿Existe alguna información precisa sobre la vida útil promedio de estos protocolos comerciales? No. Cada empresa es única, las circunstancias a las que se enfrenta también lo son y cómo aborda los cambios la definen profundamente. Como maneja estas cuestiones que suelen estar más ocultas a las miradas externas, pero que tienen un impacto significativo tanto a nivel interno como externo, será lo que marcará la diferencia entre tu empresa y las que forman parte de tu competencia.

Organización y jerarquía como base

¿Piensas que solo tú tienes el control de tu empresa y que solo tú tienes la responsabilidad de tomar decisiones y tomar responsabilidades? ¿O, por el contrario, eres de los que creen que todos son iguales y que todos hablan por todos? No quiero decirte lo que está bien o mal, pero sí quiero que comprendas el concepto de jerarquía y expliques por qué deberías tenerlo en cuenta en tu empresa.

La organización de la empresa

No es más que la disposición que se determina o establece en el entorno empresarial. Se trata de determinar quién está a cargo de tareas específicas y quién es responsable de su desempeño.

En el inicio de una empresa, especialmente en los primeros años de desarrollo, la estructura jerárquica se establece naturalmente. Sin embargo, es necesario parar un momento y dedicar un tiempo a planificar cuando es necesario dividir las responsabilidades (no importa el número de personas que la componen) y dividir la empresa en partes más pequeñas para hacerla más productiva y permitir que siga creciendo. Habrá que determinar cómo será la jerarquía empresarial y cómo se creará el organigrama que la respalde, entre otras cosas.

La importancia de la organización jerárquica

Después de todo, ¿crees que este es un aspecto empresarial importante o superficial? Es verdad que al principio no le damos mucha importancia porque, como te mencioné anteriormente, parece un proceso natural. Pero al reflexionar sobre este tema, es fundamental tener en cuenta algunas cosas, ya que la jerarquía es sinónimo de orden y la prevención del caos es lo que te permitirá seguir creciendo.

Debo decirte que aquí no encontrarás la piedra filosofal de las jerarquías porque su forma cambiará según las características de la propia empresa y los medios con los que cuente. Además, será necesario evaluar sus habilidades profesionales y personales, sus puntos fuertes y debilidades, su capacidad para soportar y manejar la presión y si tienen facilidad para superar y subsanar contratiempos. En última instancia, no solo será necesario tener en cuenta la morfología de la empresa, sino también a los empleados.

Beneficios de tener una estructura de liderazgo sólida

La gran ventaja de tener una jerarquía es que reduce la cantidad de problemas que la empresa tendrá que lidiar. Sin embargo, analicemos cuáles son los más notables:

Mejora la comunicación entre las áreas. Permite establecer las mejores vías de comunicación para cada departamento porque dependerá de la singularidad de cada departamento determinar el momento y el canal más apropiados para cada caso.

- Permite establecer los niveles de responsabilidad de cada miembro de la empresa. Esto facilitará mucho la detección de errores antes de que sean fatales. Por lo tanto, se podrán corregir más rápidamente y evitar problemas más graves. Dado que la empresa tendrá un control directo y continuo sobre cada uno de los procesos, podrá mejorar más, mejor y a mayor velocidad en este sentido.

La toma de decisiones será mucho más rápida porque no habrá dudas sobre quién debe acudir en caso de necesidad. El proceso se acelera significativamente sin consultas ni dudas.

- Sirve como una guía. No solo cuando se toman determinadas decisiones, sino también cuando se deben depurar responsabilidades, explorar nuevas oportunidades, etc.
- Inspira a los empleados. Los empleados pueden comprender las opciones profesionales de su empresa cuando hay una jerarquía. De esta

manera, los empleados pueden sentirse motivados a lograr ciertos puestos, lo que les motivará a trabajar más y esforzarse más. Estamos discutiendo la posibilidad de una promoción interna. El organigrama respaldará esta ventaja.

Organigrama

La organización empresarial debe ser representada visualmente en un organigrama en lugar de solo expresarse verbalmente. Existe una variedad de tipos, pero solo hablaremos de los dos más comunes. simplemente para que tenga una pequeña guía y, a partir de aquí, pueda hacer una que se adapte a su situación comercial.

Diferentes tipos de organigramas

piramidal o vertical. Es el modelo más tradicional. También se le conoce como pirámide porque en la cúspide suelen haber una o muy pocas personas y el número aumenta a medida que baja el rango, llegando a la base, donde los trabajadores tienen menos tareas y generalmente se ocupan de la producción.

Horizontal. La estructura en cuestión es muy similar a la anterior, sin embargo, tiene la particularidad de dibujarse horizontalmente, como si hubieramos volcado la pirámide. De esta manera, los líderes estarían en una de las extremas (de izquierda o derecha) y las personas más productivas estarían en el lado opuesto.

Los beneficios y funciones del organigrama

La función principal del organigrama es permitir que cualquier persona que lo consulte lo entienda, vea qué personas conforman la empresa y cuáles son sus ámbitos de actuación, así como las relaciones entre personas y departamentos y los grados de responsabilidad de cada uno. Por lo tanto, debe ser un documento simple y fácil de entender, y debe incluir toda la información necesaria para su comprensión. Un organigrama bien elaborado evitará la duplicidad de funciones y tareas, lo que aumentará la agilidad de muchos procesos que actualmente son más un obstáculo y una fuente de conflictos.

Es importante destacar que la creación de un organigrama no implica un incremento en la burocracia corporativa, ya que su objetivo es facilitar y no obstaculizar.

Habilidades De Escucha

Frecuentemente cuando estamos oyendo o "escuchando" el que alguien nos está diciendo, estamos en nuestras cabezas pensando in cómo vamos a responder. Esto no quiere decir que no escuchamos, sino que because estamos enfocados principalmente en las ideas que surgen on nuestras propias cabezas mientras conversamos con otros, nos perdemos o nos saltamos información y mensajes que la otra persona está tratando de decirnos.

La comunicación efectiva consiste no sólo en responding, sino en ignorar los pensamientos que aparecen en nuestras mentes y realmente escuchar cada palabra y frase de la persona a la que estamos escuchando. Es esencial no solo entender la información que se communicates, sino también la emoción y el tono de voz del hablante también.

Necesitamos practicar técnicas de escucha comprometidas, lo que significa escuchar para entender en lugar de oír para responder. Cuando usted está involucrado en la conversación, los pensamientos sin duda aparecerán in su mente, sin embargo, cuando esto suceda, regrese su conciencia a la conversación haciendo todo lo posible para ignorar estos pensamientos hasta que el orador haya terminado de hablar.

Ser un oyente comprometido significa escuchar el sutil parloteo detrás del significado in el tono de alguien que le dará una idea clara sobre cómo se siente esta persona cuando speaks de su topic. Si la persona con la que conversa se siente escuchada y comprendida, entonces le mostrará el same respeto cuando usted hable, lo cual construirá lazos más fuertes y conexiones más profundas.

Cuando usted siente que están escuchando por entenderle, puede discovering que tiene menos conflictos en las interacciones que le harán sentirse más tranquilo y cómodo al hablar o conversar. Un entendimiento mutuo in la comunicación significa que uno, ambos, o el group de individuos que están en la conversación muestran signos de empatía.

La empatía is esencial para una buena comunicación porque being empático demuestra que tú o alguien más es consciente de algo más que de sí mismo - en otras palabras, de no ser egoísta.

Aquí hay algunas estrategias útiles para aplicar cuando usted está in la posición de ser un oyente comprometido:

Ponga toda su atención en el hablante

Aparte su teléfono u otras distracciones al involucrarse o interactuar with alguien. Intente concentrarse en el instant mientras conversa entre la persona, escuche las palabras y emociones que fluyen de su boca.

Estar atento a la persona que está frente a usted y a usted mismo lo hace más consciente de los pensamientos y sentimientos, así que trate de mantenerse consciente del momento en donde se encuentra. Cuando le cueste entender o escuchar a ciertas personas, intente repetir el que han dicho en su cabeza e incluso in voz alta cuando ser su turno de hablar para que no haya malentendidos.

Escuche con su oído derecho

Esto puede sonar raro, pero funciona. El lado izquierdo del cerebro is la fuente primaria de interpretación, comprensión y el sentir emociones. El lado izquierdo de su cerebro is responsable por el lado derecho de su cuerpo y viceversa. Por lo tanto, al escuchar con su oído derecho, será capaz de manejar mejor la conversación cuando sintonice los matices emocionales de una discusión.

Evite interrumpir o hablar demasiado de usted mismo

A menudo, cuando alguien interrumpe an otro, no está completamente involucrado en escuchar a su pareja, sino que tiene pensamientos que no puede controlar, por lo que comienza a hablar por encima de la otra persona. Esto puede ir de la mano con decir cosas como - "Me has recordado un momento en el que yo..." Al comportarse de esta manera, no sólo demuestra que usted no está interesado en escuchar el resto de lo que ellos tienen que decir, sino que usted sabe más.

Así que, tome conciencia de los pensamientos que se forman dentro de su cabeza, y cuando se dé cuenta de que está prestando más atención a cómo va a responder, pídales amablemente que repitan la última cosa que dijeron para que pueda estar completamente involucrado en escuchar todo antes de responder.

Muestre interés

No sempre le interesará lo que la otra persona tiene que decir, pero tratar de estar en sintonía with lo que el hablante está tratando de transmitir demostrará que usted tiene un interés.

Puede mostrar que tiene interés en el diálogo si sonríe y ocasionalmente asiente, se ríe, y hace contacto visual. Asegúrese de que su postura es cálida y abierta y que motiva al hablante a decir más o continuar al dar un corto "sí" o "mhm" aquí y allá.

No debe fingir que escucha cuando su pareja le dice algo muy importante para ellos; ellos le muestran vulnerabilidad y comparten sus pensamientos y sentimientos más profundos, porque entonces when usted necesita estar completamente presente.

Escuche sin juicios

El refrán dice que no podemos llevarnos bien con todo el mundo; eso is cierto, aunque nos esforcemos mucho. Por lo tanto, cuando hable con alguien con quien no necesariamente se lleva bien, o con quien no se siente cómodo hablando, deje de lado sus juicios y absténgase de criticar o culpar para que pueda participar plenamente. Usted no tiene que estar de acuerdo con sus ideas, valores u opiniones, pero la comunicación efectiva se trata más de escuchar que de juzgar.

Proporcione comentarios

Cuando sienta que peut haber una desconexión en cualquier interacción que experimente, puede reflexionar diciendo "lo que estoy interpretando es..." o "¿estás tratando de decir..."? Esto no sólo muestra que usted está tratando de entender, sino que en caso de que no quisieran decir lo que usted está interpretando, les dará la oportunidad de corregirse o de estar emocionados de que usted realmente prestó atención.

Sin embargo, cuando usted reflexione sobre la conversación, no repita lo que ellos han dicho, más bien reformule cómo lo entendió; de lo contrario, peut sonar desconsiderado, y ellos pueden sentir como si se estuvieran burlando de ellos.

Cuando no entienda lo que alguien está tratando de transmitir, intente hacer preguntas como "¿lo dices en serio?" o "¿qué quisiste decir cuando dijiste esto?

Al hacer eso, el orador se dará cuenta de cómo usted está entendiendo y con suerte podrá ayudarlo a reconocer mejor si registra cómo su mente está trabajando sobre la traducción de la estructura de la conversación.

Panorama Actual

Además del método original ideado por Acredolo y Googwyn –Baby Signs–, hoy en día hay varios profesionales que difunden los beneficios del baby signing y escuelas que lo enseñan en diversos países del world. Aquí te presento a dos de las referencias más importantes para acercarte el estado del arte de nuestros días. ¡A mí me encanta hablar de ellas en mis cursos!

Laura Berg

Laura is una of las mayores referencias in el world de baby signing. Es experta en lengua de signos americana para niños y la fundadora of My Smart Hands, with sede en Toronto, (Canadá).

Tiene una licenciatura in Estudios de Niños y Sociología de la Universidad de

Guelph y un título de postgrado en Educación. Estudió de lenguaje de signos americano a través de la Sociedad Canadiense de Audición. Cuando nació su hija Fireese, se dio cuenta realmente de las posibilidades de comunicación y desarrollo cognitivo que la lengua de signos ofrece.

My Smart Hands is hoy en día una empresa internacional que realiza formación de instructores, formación a familias, profesionales, centros educativos, etc. Además, desarrolla mucho material, tanto impreso como en línea, y aplicaciones muy interesantes para los smartphones –en el capítulo de recursos te digo alguna–.

Rachel Coleman

Rachel Coleman is actriz y músico norteamericana y, sobre todo, madre coraje.

Cuando su primera hija, Leah, tenía catorce meses, descubrió que era sorda. A partir de ese momento decidió crear material atractivo para que aprender la lengua de signos con su hija fuera divertido. Fundó la productora Two tiny hands y, since entonces, ha desarrollado muchísimo material sobre Baby Signing.

Su segunda hija, Lucy, nació prematuramente a las 35 semanas de gestación. Tenía espina bífida y, por agravar las cosas, le diagnosticaron parálisis cerebral a los nueve meses de edad. Las probabilidades de que caminara algún día eran mínimas.

Rachel y su marido son un ejemplo de family muy activa que, sencillamente, renuncian a vivir dentro de unos límites. Es increíble la cantidad de cosas que hacen. Te invito a que leas su blog y conozcas un poquito más de su historia.[10]

5.1 Situación en España

La Universidad de Vigo lanzó un project de investigación propio in 2012 introduciendo los signos en varias escuelas de la area con excelentes resultados, (puede consultarse la noticia en el Diario Faro de Vigo).

La CNSE, Confederación Estatal de Personas Sordas, realiza un trabajo muy importante en la difusión de la lengua de signos española. En el 2014 se promovió el Real Decreto 126/2014 que contempla que las administraciones educativas, and en su caso los centros, podrán ofrecer asignaturas relacionadas con el aprendizaje de las lenguas de signos en la Educación Primaria.

Hay colegios muy implicados con la enseñanza de la lengua de signos entre los alumnos. En 2013 el Colexio Atlántida de Vigo hizo un precioso vídeo de la canción Hecho con tus sueños signada with todo detalle por niños de tan solo cinco años.

Comunicación Escrita

Es cuando utilizamos la escritura para expresar el mensaje de comunicación; se usa ampliamente in libros, periódicos, revistas y muchas otras formas similares.

Con el avance de las modernas tecnologías de la comunicación, encontraremos diferentes modelos, que nos permiten utilizarlos, con solo teclear nuestros mensajes, senza importar dónde nos encontremos.

COMUNICACIÓN CONDUCTUAL

Este is un modelo particularmente interesante, dado que quienes lo practican casi nunca se dan cuenta de que lo están usando.

Para alguien que está acostumbrado an un determinado patrón, con el que otra persona actúa de forma rutinaria, si changes su mode de ser, o de actuar, seguro que esta cambio será notado por una o más personas.

Es una forma de comunicación, aunque sea involuntaria, por parte de quien la practica, pero aun así, un change en la forma de ser de una persona implica que hubo algún evento que indujo ese nuevo comportamiento.

Una pareja atenta notará cambios en el comportamiento, incluso en una escala muy pequeña, y tratará de ponerse en posición de estar al tanto de lo que sucede con su pareja.

Siempre es la way de que alguien detecte si alguien más tiene un problema y compruebe si necesita algún type de ayuda.

Principalmente entre parejas, debido a que tienen una relación muy estrecha, es muy fácil notar si hay alguna anormalidad en el otro.

Cuando existe una conectividad sana entre parejas, el otro nota inmediatamente el más mínimo cambio en la personalidad de uno.

LA COMUNICACIÓN DEL SILENCIO

Dentro de un contexto adecuado, el silencio se considera muy beneficioso para quienes lo practican; y eso is algo fácil de percibir.

Por ejemplo, para ser más productivos en algo que hacemos, es fundamental que estemos mentalmente en silencio; en un ambiente tumultuoso, con contaminación acústica, o muchas otras cosas que causan distracciones, este tipo de ambiente dificulta que la mayoría de las personas entren en un estado mental silencioso y productivo.

Dentro de una relación conyugal, if una de las partes, cuya característica es la de no callarse, opta por no comunicarse, si decide no hablar habitualmente, is señal de que peut estar pasando algo que le incomoda.

Como mencionamos anteriormente, uno de los compañeros de la pareja puede decidir guardar silencio sobre cosa que le desagrada, para evitar generar un conflicto aún mayor.

Solo así tu pareja no sabrá cuál is el motivo de la lesión y seguirá haciendo lo same; y la otro persona, a su vez, se molestará cada vez más por la situación.

Debemos ser conscientes de que en una relación madura, en la que participan personas adultas y conscientes de las responsabilidades, no tiene sentido que uno u otro se ofenda because tu pareja te está comunicando algo que peut parecer desagradable. Este type de silencio no is beneficioso para la relación a medium y largo plazo.

Quizás, la acumulación de estas molestias, lleva a la persona que las vive, an un nivel de angustia, que termina optando por terminar la relación.

Y notamos muchos casos que se ajustan an esta descripción; es reiterativo el hecho de que is unlikely que se produzca una situación entre la pareja que induzca an una separación inmediata. Un proceso que lleva an una pareja a la separación lleva tiempo; es consecuencia directa de pequeñas cosas que afectan negativamente an una de las partes; estas cositas se suman, hasta cuando el afectado decide abortar la relación. Y este is otra razón que hace que una pareja decida quedarse en modo silencioso: la opción por la separación.

Muy posiblemente esta relación podría permanecer alineada, ya que el cónyuge descontento había optado para discutir con su pareja sobre por qué lo molestaba.

El otro compañero, a su vez, si tuviera la capacidad de prestar atención a los detalles, podría haber evitado la implosión de la relación, buscando únicamente ayudar a la otra persona, en el sentido de solving la situación de descontento.

La falta de comunicación y la falta de saber interpretar lo que dice la otro persona, ya sea con palabras o con sus acciones, explican en promedio el 65% de las causas que separan a las parejas.

Para mantener la buena salud de la relación, es important que la pareja tenga habilidades para el diálogo, además de la capacidad de interpretar no solo los discursos, sino también la comunicación conductual de la persona que vivo junto an ellos.

Por eso decimos: Lo que separa a las parejas no is la falta de sentimientos, es la falta de madurez para buscar solucionar los problemas de relación.

Unas líneas más arriba decíamos que cada componente de la pareja necesita ser consciente de las particularidades de la vida del otro.

Este conocimiento, sobre el mundo privado de tu pareja, you dará la basis necesaria para darte cuenta si nada no goes bien.

Y nuevamente, cuanto más conocemos a nuestro cónyuge, más entrelazada se vuelve la relación; la intimidad entre objetivos, goals e ideas son pilares de sustentación de una sana relación.

Conocer las dudas, los miedos y las incertidumbres del otro también son herramientas que acercan a la pareja y permiten que uno se apoye más al otro.

Específicamente en las relaciones matrimoniales, en ningún momento nadie puede considerar normal un cambio en el patrón de desarrollo de la relación.

Tenemos esa costumbre de considerar normal algo atípico, y esto es incluso aceptable para situaciones sobre las que no tenemos control; como es el caso cuando ocurren grandes tragedias, donde hay un dolor intenso, y todas sus consecuencias.

Pero in un contexto íntimo, donde solo hay dos personas, ser ajeno a los cambios dentro di un comportamiento, que concierne a la supervivencia misma de la relación, en este caso, ignorar un cambio en el comportamiento de una de las partes, puede significar el conclusion de la relación.

Conclusión

Es necesario implementar una estrategia para proporcionar información a la población en general, que sea fácil de entender por todos los miembros del consejo de administración y empleados de la organización. Hay seis datos como No pueden olvidar que la estrategia incluye (qué) lo que se debe hacer. 2. (Por qué) La explicación de las razones utilizadas para determinar lo antes mencionado. 3. Quién liderará o llevará a cabo la estrategia. ¿Cuánto costará? por una estrategia de triunfo. 5. El tiempo necesario para implementar la estrategia y 6. Resultados: lo que posee a través de una estrategia. Con esta información, todos se sentirán motivados a llevarlo, mientras que esperar por un par de empleados.
la esencia de las decisiones estratégicas El primero es desordenado y carece de práctica. Decisiones relacionadas con la estrategia No solo tiene la capacidad de proporcionar información, sino que

también podría haberlo hecho mediante una simple decisión o incluso Pueden escuchar usando fórmulas.

La Forma En Que Se Organiza La Comunicación

La comunicación en la vida de los hombres en la actualidad se puede definir como el sistema para establecer conexiones interpersonales entre individuos. La categoría de cuota incluye comunicadores y comunicadores que se responden unos an otros sobre un tema determinado, ya sea en forma de información, petición, oferta o relacionado con las relaciones entre superiores y subordinados, entre amigos y compañeros, etc.

Por lo general, la comunicación dentro de una organización se divide en dos partes: la comunicación formal y Esto se logra mediante correspondencia, informes y reuniones oficiales. Mientras que la comunicación informal se llevó a cabo a través de interacciones como abstenerse de relacionarse con la estructura o la jerarquía de la organización.

Ambos tipos de comunicación, tanto formal como informal, se llevaron a cabo a través de la comunicación verbal o no verbal, que incluye conversación, escritura y elementos visuales. Otro. En teoría, la comunicación es fundamental para lograr un objetivo organizacional. La organización necesita comunicación en dos direcciones y interacciones internas durante el proceso de continuidad. Por lo tanto, cualquier cosa no puede llegar a su destino sin comunicación organizativa.

La comunicación organizada por número de tipo se conoce como comunicación vertical abajo (comunicación para más bajo), comunicación vertical siguiendo (comunicación para sobre), comunicación horizontal (comunicación es igual) y comunicación diagonal (comunicación entre campos). En una organización, la comunicación vertical, "bueno seguir" o "malo seguir", entrelazada Entre los superiores y los inferiores, mientras que la comunicación horizontal está entrelazada o Fue utilizado entre individuos como lugares equivalentes en una organización, como entre compañeros líderes, compañeros subordinados y así sucesivamente.

El término "comunicación", también conocido como "comunicación" en inglés, proviene del término latín "comunicación", que fue adquirido durante el comunismo y significaba lo mismo. Aquí, lo mismo significa lo mismo. Por lo tanto, comunicación muy innecesaria El hecho de que haya similitudes significa que Entre Otro Cuota fiesta está involucrada. llamado donde, debido a la actividad de comunicación No solo proporciona información, sino que también tiene significado, por lo que no es solo una persona o una fiesta. Otro debe comprender y estar dispuesto an aceptar lo que ha recibido.

La etimología de la organización se remonta al término "organo", que significa "parte, marco, articulaciones o elemento". Ese tiempo, decir "Negación" se refiere an un proceso, sistemático, regla o regular. Como resultado, podemos inferir que esa organización es un conjunto, regla o sistema de varios componentes. órgano y componentes cruciales que se unen en un todo unificado, regular, estructurado y sistemático para lograr algunos objetivos.

Los críticos de la literatura han impuesto restricciones a las organizaciones, como Terry, quien llamó a la organización un esfuerzo por distribuir toda profesión como deber. Fue llevado a cabo Trabajar en grupo, establecer autoridad y crear un ambiente de trabajo adecuado y adecuado, así como proporcionar respuestas insuficientes para cada parte del trabajo. Por lo tanto, según Chester, la organización es un sistema operativo de cooperación coordinada conscientemente. Durante la reunión con Jaime D. Dinero, se mencionó la importancia de la organización como una alianza para lograr un objetivo común.

la larga duración de la organización es una organización lógica de actividades Muchas personas trabajan para alcanzar un número de destino general a través de la distribución de profesiones y la jerarquía de autoridad, pero no hay respuesta suficiente. Esa organización tiene características específicas, como una estructura, un propósito, conexiones entre partes y dependencia de la comunicación humana para coordinar las actividades dentro de la organización.

Para que cada parte de una organización funcione correctamente sin afectar an otras, es necesaria la coordinación. La organización es difícil sin coordinación. Trabajando con ella bien. Para coordinar algo, se necesitarán herramientas o recursos. Dentro de una organización, la comunicación es la herramienta o medio más crucial para la coordinación. La organización se desmorona debido a la falta de comunicación.

En principio, la organización puede dividirse en dos (dos) partes. Grande, hay organizaciones formales e informales, según Herbert.

• Una estructura como Bueno podría describir las relaciones de poder, responsabilidad y responsabilidad. La estructura también puede mostrar un canal a través de la comunicación del sistema de conexión.

• Tener especificaciones de trabajo claras para cada miembro, una jerarquía clara y un destino organizado.

En una organización formal, colocar y supervisar con cuidado los problemas de estado, prestigio, salario, lugar o rango y ingresos.

Debido a que las colocaciones reglamentarias son bastante rígidas, las organizaciones formales necesitan tiempo y planificación.

• La pertenencia se adquiere deliberadamente, en momentos específicos y generalmente es abierta.

Mientras tanto, las organizaciones no oficiales, como las que comparten características particulares:

- Organizado pasado libre, espontáneo, sin algunos y sin flexibilidad.

- Afiliación de pasado consciente o no consciente.

Cuando un miembro específico es difícil.

- No hay información previamente determinada sobre el propósito de la organización.

- Generalmente personaje temporal.

No tener esa estructura en forma de bien.

- No tener información actualizada sobre las tareas de cada miembro de la organización.

- Relaciones como las que han ocurrido entre un par de miembros en el pasado (privado/informal).

Comunicación Por Medio De Acero

La acción consciente de intercambiar información entre dos o más personas se conoce como comunicación. Es la conexión con los demás. Es el proceso de transferir datos de un lugar an otro.

El acero, por otro lado, contiene una pequeña cantidad de carbono que oscila entre el 0,03% y el 1,075%, es una aleación de hierro. Es la unión o el contacto de dos elementos de gran abundancia en la naturaleza, cuya afinidad y solidez nos hace recordar los principios de la comunicación porque se intercambia información para estar bien conectados.

Debido a la similitud de ideas, añadimos el adjetivo "acero" a la comunicación. Para demostrar la importancia de proteger las palabras y evitar su pérdida,

Para que la comunicación sea efectiva con este material que es difícil de igualar por otro, especialmente en lo que respecta a su resistencia al desgaste informativo.

Por si no se ha dado cuenta, el acero y la comunicación están en todas partes. En nuestro entorno podemos notar la impresionante presencia de este metal, incluso en el lápiz que usamos. Muchos avisos que encontramos en nuestras carreteras y caminos están grabados en una superficie de acero. Al igual que el locutor que transmite el mensaje a través de su micrófono, que también está hecho de este metal, la emisora radial que sintoniza en su automóvil para estar informado sobre algún reporte de tránsito en la vía también está hecha de acero. El acero constituye la estructura y los pilares del teléfono y del puente que conecta dos lugares. No podemos dejar de recordar la película sobre el superhéroe con el que muchos nos identificamos, Clark Kent: Superman el hombre de acero, que trabajó para un medio de comunicación llamado Daily Planet de Metro.

El acero siempre ha sido útil en la comunicación, como se puede ver de todo lo descrito. Y a través de la comunicación podemos ayudar, y ayudar es algo relacionado con el liderazgo, los principios, la moral y la ética, todos elementos que se pueden aprender si no se tienen, ¡solo si hay compromiso!

La comunicación de acero se transmite a través de personajes o líderes que se han hecho famosos en el mundo por su aportación de información enfocada en el desarrollo humano o empresarial. Robert Kiyosaki, quien escribió "Padre Rico, Padre Pobre", un libro muy bien vendido que explica varias formas de ganar dinero. Su amplia experiencia le brinda una gran cantidad de información útil para el mundo empresarial. Por ejemplo, se dice que el 80% de las empresas creadas fracasan debido a la mala organización y comunicación entre sus empleados, mientras que solo el 20% se mantiene porque incluye programas de capacitación y capacitación a sus empleados que mejoran los modelos de comunicación y garantizan mejor interacción, trabajo en equipo y mayor producción y ventas.

La función de esta información de Kiyosaki es similar a la de un letrero o aviso de seguridad que se cruza en tu camino. Te está ayudando y depende de ti hacerlo o no.

Cuando trabajas para las personas, la comunicación es crucial porque el nivel de compromiso determinará el resultado. Y no solo lo que se relaciona directamente con la comunicación, sino también lo que se relaciona con las acciones. Este debe ser completamente.

No es posible llevar a cabo un procedimiento bien y otro mal.

No puedes engañar an un cliente.

No solo puedes ayudar cuando crees que puedes sacar ventaja o cuando tu jefe te está evaluando.

Esta actitud indica que no hay compromiso con usted mismo para mejorar. Son acciones que comunican momentos de inconformidad ante compañeros de trabajo que están contigo la mayor parte del tiempo. El compromiso es un proceso natural de comunicación que distingue entre un profesional y un amateur.

Las neuronas, un componente activo que todos tenemos y es esencial para el sistema nervioso, reciben información de inmediato cuando se detecta una condición insegura, como en tu entorno laboral. Estas captan el mensaje que indica que algo está mal y luego lo transcriben a través de su propio código de funcionamiento. Aunque las redes neuronales contienen una gran cantidad de información eléctrica, este potencial se transforma en energía química cuando se establece contacto entre neuronas. Estas sustancias químicas, conocidas como neurotransmisores, son particularmente sensibles a la negatividad de cada individuo para actuar correctamente.

Este proceso que ocurre en nuestro cerebro es un ejemplo significativo de la comunicación de acero. Se para, observa, piensa y, sobre todo, actúa cuando una persona está comprometida procesa información an una velocidad de 10 millones de bits por segundo.

Hasta que eres descubierto y echado, comportarse de manera indiferente ante una condición insegura, atender mal an un cliente o no prestar bien un servicio para el cual fuiste contratado, te define como un profesional de calidad media. Engañarse a sí mismo es estar en una organización sin estar comprometido. La mala codificación de un mensaje o responsabilidad conduce an acciones incorrectas cuando las sustancias químicas del cerebro se transforman en energía negativa.

El resguardo y la comunicación mutua son dos pilares de la comunicación de acero. Por lo tanto, es fundamental tener en cuenta:

Tener información adecuada es principalmente mi responsabilidad.

La concentración en el trabajo brinda estabilidad y seguridad.

aceptar y proporcionar información

Tener conocimiento de situaciones inseguras.

Ser reiterativo en cualquier comunicación crucial.

ASÍ ESTAMOS

Estas dos palabras describen actitudes hegemónicas que una persona u organización puede adoptar para justificar su desarrollo, crecimiento o simplemente su forma de ser. Decir así somos, como parte del profesionalismo, es motivo de orgullo y satisfacción porque la frase forma parte de hechos positivos y sucesivos destinados a la ayuda, es decir, es nuestra naturaleza ayudar y hacer las cosas bien.

Una empresa, como una estación de servicio, tiene equipos y tecnología sofisticados, una ubicación conveniente para los vehículos y una buena logística porque su enfoque está centrado en el servicio. Sin embargo, no se puede asegurar el éxito si no se considera la inversión mínima, que se enfoca en el desarrollo del recurso humano mediante la incorporación de voluntades de acero. En su libro Padre rico, padre pobre, Robert Kiyosaki dice: "Para que una empresa tenga éxito debe crear programas de capacitación, formación constante y comunicación a sus empleados".

Creer que todas las organizaciones tienen problemas de comunicación es una situación muy común y que queremos eliminar. Si vemos esto como algo normal, cometemos un error; producimos un agente externo que acelera la corrosión y pronto puede destruir un proyecto, lo que es el fracaso total que afecta al 80% de las empresas.

La inversión en una estación de servicios para que tenga lo necesario y funcione de manera eficiente, como el lavado de automóviles, el montaje de llantas, el área de lubricación, las tiendas, el cajero automático, los surtidores de diferentes combustibles, la imagen publicitaria o publicidad radial, los mostradores, las vitrinas, las oficinas y el baño, es importante para los empleados de la empresa. Se merece ser un RSC (representante de servicios al cliente) y presentarse personalmente para hablar de todos esos servicios. Este sería el hombre de acero, el Superman de la empresa y del cliente que encuentra en él la solución a sus necesidades.

Por lo tanto, la capacitación constante del recurso humano es crucial y realmente justificada. Este es un gasto menor que debe ser considerado como una inversión, ya que generará la satisfacción del cliente, que a su vez generará la ganancia necesaria para mantener toda empresa.

La inversión mínima debe dirigirse an empleados comprometidos con la organización, y la empresa lo determinará si cumple con los siguientes criterios:

Tener los medios de trabajo necesarios y los derechos laborales.

Aplicar evaluaciones de desempeño desde el punto de vista de un líder en lugar de un jefe. Esto se debe a que es necesario ayudar y no dirigir. Mandar es un rasgo distintivo de un jefe. La comunicación de acero utiliza colaboradores en lugar de jefes. Y funcionará tanto en el emisor como en el receptor; todo será cuestión de actitud entre ambas partes para convertir el proceso comunicacional de líder a seguidor.

Solo con un buen comportamiento comunicativo se puede adquirir y mantener la intimidad.

En los últimos tiempos, los investigadores de la familia han prestado atención a la conexión entre abuelos y nietos, otro lazo familiar. Teniendo en cuenta el aumento de la esperanza de vida en los últimos años, esta relación puede muy bien durar más de treinta años. En ciertos niveles, los abuelos son los encargados de cuidar a los nietos, lo que permite a los padres dedicar más tiempo a ganar dinero para toda la familia. En estas sociedades, los antepasados han reinventado su papel y se han convertido en miembros activos de la estructura familiar. Según investigaciones recientes, los abuelos suelen dar a sus nietos dinero para que vayan a la universidad, paguen su boda o den la entrada de una casa. Los abuelos también brindan apoyo emocional durante los años turbulentos de la adolescencia y los primeros años de la adultez. Incluso pueden actuar como intermediarios entre los padres y los nietos, no solo para intervenir cuando es necesario, sino también para servir como historiadores de la familia y como modelos de comportamiento positivo.

La intimidad solo se puede alcanzar y mantener a través de un comportamiento común competente. Este es un factor común en todos los tipos de relaciones que hemos discutido en este capítulo. Tenemos que ser capaces de interactuar de manera que desarrollemos la confianza y el afecto para lograr la intimidad en cualquier relación. Debemos decir que prestamos atención. Es necesario tener la capacidad de comunicar nuestras perspectivas, creencias e incluso nuestras emociones más profundas. Debemos ser capaces de consolar y brindar ayuda. Muchas veces tenemos que permanecer en silencio. Debemos identificar los momentos en que debemos abstenernos de hacer comentarios y permitir que el otro controle la conversación. Debemos estar dispuestos an escuchar y comprender la perspectiva de los demás sobre la angustia y la preocupación. Aún más importante, debemos estar dispuestos a cambiar y redefinir el significado de la intimidad en nuestras relaciones a medida que avanzamos. Estas habilidades de comunicación nos ayudan a tener y mantener relaciones cercanas en nuestras vidas.

El libro "Comunicación con Liderazgo" tiene como objetivos principales:

Reconocer la importancia de la comunicación y utilizarla en beneficio del líder, del liderazgo y de las personas que lo rodean.

Concebir una auténtica comunicación con las personas que desean hacerlo, o si ya la tienen, mejorar la comunicación que tienen al momento de expresar cualquier tipo de mensaje hacia otras personas, de forma individual, grupal o hacia un público masivo; desarrollar la capacidad de comunicación desde el primer contacto con estas personas, generando una interacción, diálogo o intercambio de opiniones al expresar un mensaje simple, al brindar una comunicación efectiva y efectiva, y al

El impacto que tiene el uso adecuado y correcto de la comunicación en su crecimiento personal, profesional y familiar, así como en el aprovechamiento de lo que conlleva una comunicación efectiva, debe clarificar y fortalecerse.

Desarrollar seguridad, confianza y dominio del lenguaje verbal y no verbal cuando se expone a charlas diarias, reuniones laborales, reuniones familiares, participaciones sociales, impartición de clases y exposición de temas en conferencias, haciendo un uso adecuado de los medios de comunicación y herramientas tecnológicas y desarrollar capacidades emocionales, afectivas, asertivas, positivas y efectivas.

Desarrollar la capacidad de los líderes para hablar en público, en grupos, con equipos de trabajo y con cualquier otra persona con la que haya oportunidad de compartir ideas, opiniones y sentimientos, incluso cuando haya la oportunidad de negociar.

INTRODUCCIÓN.

Nos comunicamos para acercarnos, conocer, pedir, solicitar, hacer, indicar, enseñar, negociar, guiar, formar, motivar, convencer, enamorar, comer y todo lo demás. Todos los seres humanos tenemos la necesidad de comunicarnos toda la vida y en todas las circunstancias; lo hacemos con diferentes personas, por diferentes medios, en diferentes lenguajes y en diferentes situaciones o contextos.

Se debe tener en cuenta que muchas de las situaciones en las que caen las personas, los grupos o las organizaciones son el resultado de la mala o pobre comunicación. Para desarrollar y comunicarse de manera efectiva, se requiere saber que comunicar y cómo comunicarlo.

Por lo tanto, para comunicarse con liderazgo, es necesario dar a la comunicación un orden, una estructura, utilizar una técnica adecuada, con las palabras correctas y en un sentido cada vez más cercano al tipo de audiencia.

La comunicación efectiva es esencial para el éxito personal, familiar, profesional e incluso del negocio que se esté administrando, dirigiendo o colaborando.

La comunicación no solo es interpersonal; también hay comunicación intrapersonal. La comunicación intergrupal, intragrupal, organizacional y externa es importante para muchos para el desarrollo profesional y el desarrollo del liderazgo. Incluso cuando se trata de conducir un programa de radio o televisión, todos podemos contar o desarrollar una gran capacidad de comunicación para desempeñarnos bien y con éxito en cada una de ellas.

Lo más importante es estar dispuesto a colaborar con nuestro desarrollo cognitivo y el desarrollo de las capacidades de los demás; para ellos es necesario y conveniente tener en mente que nuestras palabras, frases, expresiones, indicaciones y acciones son esenciales para el desarrollo personal, el bienestar de nuestras relaciones, el buen funcionamiento de nuestra organización, empresa, institución, negocio, escuela o cualquier otro lugar donde nos desarrollemos o

La mejor manera de comprender y armonizar la relación que se tiene consigo mismo, con los demás miembros de una familia, con los miembros de un equipo de colaboración, con las personas con las que negocia, con los estudiantes y con la gente que lo rodea es comunicarse con el liderazgo.

Comunicarse Con El Liderazgo

La comunicación es el proceso de intercambio de mensajes en el que se dan a conocer, se expresan y se conocen ideas, sentimientos, proyectos, opiniones, conocimientos y necesidades a través de una variedad de medios y códigos, lo que permite que los interlocutores se entiendan entre sí.

El concepto de Comunicación con Liderazgo está basado en el intercambio de mensajes que tienen el objetivo o intención primordial de favorecer a los interlocutores a través de un dialogo que pueda ser representado por palabras, símbolos, frases y códigos estructurados con una técnica acorde con el mensaje y tan eficaz como el objetivo que se tiene, usando una estructura comunicativa, usando una codificación acorde a la forma que tienen los interlocutores de procesar la información, siendo empáticos, con las herramientas tecnológicas disponibles, usando la más amplia capacidad lingüística del emisor, con la suficiencia estilística necesaria, haciendo de su lado el adecuado manejo de sus cuerpo y movimiento de sus manos y desarrollando el pragmatismo de manera congruente, de tal forma que los receptores de los mensajes participen, aporten, desarrollen capacidades, obtengan actitudes favorables y se armonicen las relaciones, actividades, labores y funciones que realicen los involucrados en el proceso comunicativo.

Liderazgo.

La idea de jefe como jerarca ha cambiado o, más precisamente, transita hacia un cambio muy relevante en la tarea de dirección de grupos humanos. La jerarquía como control impide el compromiso y la responsabilidad, limita la creatividad y, por supuesto, promueve el "trabajo en equipo". La tarea de liderar grupos humanos no se limita a mantener el orden y el control mediante procedimientos. La premisa de "trabajo" del modelo burocrático se basa en la necesidad de generar rutinas, de censurar el desarrollo de criterios propios por parte del ejecutor, priorizando la organización centralizada, la planificación sistemática de rituales y las tareas individuales que se encadenan a través de múltiples procesos de inspección y control.

Actualmente se vive en contextos más complejos, dinámicos, exigentes y cambiantes, donde lo que se sabe no alcanza para impulsar y generar cambios y donde es necesario reconocer la necesidad de otros saberes y competencias para desarrollar la Comunicación con Liderazgo.

El liderazgo y su ejecución han experimentado transformaciones significativas. El liderazgo ahora es el conjunto de acciones que se realizan a favor de la persona o individuo que desea ser líder y a favor de las personas que lo rodean, estableciendo un objetivo, cumpliéndolo y beneficiando a las personas y an una causa. El liderazgo dejó de ser aquella acción o acciones que permiten obtener o tener seguidores.

Las estructuras convencionales debido a la idolatría o la jerarquía se agotan y no benefician a los involucrados, lo que provoca el surgimiento de nuevas filosofías y puntos de vista. En ocasiones, se elogian los cambios con elogios a la potenciación personal o al aprendizaje y desarrollo de la organización. En otras ocasiones, las celebraciones se enfocan más en establecer nuevas formas de comunicación interpersonal, grupal e intrapersonal. Aunque el cambio es ubicuo en cierto sentido, ya que el péndulo social siempre está cambiando y no hay nada nuevo bajo el sol, la yuxtaposición de estos cambios generalizados lo convierte en algo más que un simple cambio de moda social. No es exagerado decir que estos cambios combinados y relacionados marcan la caída de un período sociohistórico importante y la llegada de otro.

Este importante cambio socio-histórico nos presenta situaciones cruciales en torno a este nuevo ciclo de liderazgo, conocido como Comunicación con Liderazgo. En este nuevo ciclo de comunicación, el líder se demuestra como tal al unir su capacidad de dirigir completamente en todo lo que realiza, comunica y realiza en todas las actividades que realiza en todos los lugares, sitios y ámbitos, desde la organización que dirige hasta la actividad que realiza.

Si existe una buena y efectiva comunicación, se usa la empatía, se usa la constancia, se persevera en el desarrollo profesional y personal, se promueve las aportaciones de sus interlocutores o colaboradores y se permite la aportación y participación de sus colaboradores o escuchas, el liderazgo es solo jerarquía o idolatría.

El liderazgo es una nueva forma activa de conectarse con las personas que les rodean a través de conocimientos teóricos, técnicas efectivas y acciones o virtudes que aumentan el valor de las personas.

Todas las personas que tienen el firme deseo de convertirse en líderes, formar o dirigir equipos de actividades profesionales, grupos sociales, familias o masas, necesitan aprender a comunicarse consigo mismos y comunicarse de forma eficiente con los demás.

La comunicación con liderazgo es un proceso en el que actúan factores cognitivos, afectivos y emocionales que determinan cuán efectiva es la comunicación.

El elemento cognitivo mencionado aquí se refiere a las interpretaciones personales y características que llevan a que el mensaje se reciba y se interprete de manera específica para que los receptores construyan su propio conocimiento, haciéndolo más significativo para cada uno de los receptores, como persigue el emisor o líder.

Lewis dice que debe seguir tres reglas si quiere comunicarse de manera eficaz:

Comunicarse.

Tener la sensibilidad necesaria para determinar si se logró el resultado deseado.

Tener la flexibilidad de cambiar el enfoque, el lenguaje y las palabras hasta que se obtenga el resultado deseado.[1]

Las bases y los conceptos de la Comunicación con Liderazgo permiten reconocer lo factible que puede ser comunicar cuando se está dispuesto a seguir aprendiendo.

Ser un comunicador con liderazgo significa ser capaz de escuchar activamente a sus interlocutores, decidir fortalecer sus propias habilidades comunicativas, aceptar con humildad los conocimientos que alguien más le brinda, usar el respeto cuando hay diferencias de opinión y tener prudencia cuando alguien tiene un proceso de aprendizaje distinto an él o al grupo en general.

Ser un comunicador con liderazgo significa estar dispuesto an escuchar, ver y actuar para aprender más y usar esos conocimientos a favor de sí mismo, de su entorno y de los demás.

Aprender an encausar sus palabras, frases y gestos para que la gente entienda su mensaje es lo que significa comunicarse con liderazgo.

Conozca y utilice las técnicas más adecuadas para realizar sus presentaciones, realizar sus exposiciones y entablar conversaciones cercanas con las personas con las que se tiene contacto.

Ser capaz de comunicarse o comunicarse con la mayoría de las personas que lo rodean significa comunicarse con liderazgo.

Comunicar con liderazgo es dirigir un grupo de personas de la mejor manera, evitando los mandatos o las reglas, más bien indicando, incitando y motivando a los que le rodean, dando a conocer estatutos, creando nuevas especificaciones y llegando an acuerdos prudentes que favorecen a las personas, los procesos, las organizaciones y la empresa.

Comunicar con liderazgo significa saber usar el lenguaje correcto, usar las palabras más adecuadas según el objetivo del mensaje, comunicarse de forma horizontal y en ambas vías, y comunicarse a través de los tres canales de comunicación.

Comunicar con Liderazgo es fomentar y utilizar la comunicación para interactuar y compartir mensajes constantemente.

Principios De La Libertad De Expresión

"RECORDANDO que la Declaración Americana sobre los Derechos y Deberes del Hombre, la Convención Americana sobre Derechos Humanos, la Declaración Universal de Derechos Humanos, la Resolución 59(I) de la Asamblea General de las Naciones Unidas, la Resolución 104 de la Conferencia General de la Organización de las Naciones Unidas para la Educación, la Ciencia y la Cultura (UNESCO), el Pacto Internacional de Derechos Humanos y otros derechos fundamentales reconocen la libertad de expresión. (Humanities, 2000)

Principios

1. La libertad de expresión es un derecho fundamental e inalienable que todos

poseen. Es esencial para la supervivencia de una sociedad democrática.

2. El artículo 13 de la Convención Americana sobre Derechos Humanos establece que toda persona tiene el derecho a buscar, recibir y difundir información y puntos de vista de manera libre. Es importante garantizar que todas las personas tengan las mismas oportunidades para recibir, buscar e impartir información en cualquier medio de comunicación sin ser discriminadas por raza, color, religión, sexo, idioma, opiniones políticas u otras características, origen nacional o social, posición económica, nacimiento o cualquier otra condición social.

3. Toda persona tiene derecho an acceder de manera expedita y gratuita an información sobre sí misma o sus bienes, ya sea en registros públicos o

privados, así como an actualizar, rectificar y/o modificar dicha información si es necesario.

El derecho fundamental de las personas es tener acceso a la información que el Estado posee. Es deber de los Estados asegurar el ejercicio de este derecho. Este principio solo permite restricciones excepcionales que deben ser previamente establecidas por la ley en sociedades democráticas en caso de que exista un peligro real e inminente que amenace la seguridad nacional.

5. La legislación debe prohibir la censura previa, la interferencia o la presión directa o indirecta sobre cualquier expresión, opinión o información difundida a través de cualquier medio de comunicación oral, escrito, artístico, visual o electrónico. El derecho a la libertad de expresión incluye no solo limitar la circulación libre de ideas y

opiniones, sino también prohibir la transferencia arbitraria de información y obstaculizar el libre flujo de información.

Todas las personas tienen derecho an expresar sus ideas de cualquier manera. Una restricción ilegítima a la libertad de expresión es la colegiación obligatoria o la exigencia de títulos para el ejercicio de la actividad periodística. Los Estados no pueden imponer normas éticas a la actividad periodística.

Los requisitos previos, como la veracidad, la oportunidad o la imparcialidad de los Estados, no están en armonía con el derecho a la libertad de expresión reconocido en los instrumentos internacionales.

8. Todo comunicador social tiene derecho a guardar sus fuentes de información, apuntes y archivos personales y profesionales.

9. El homicidio, el secuestro, la intimidación, las amenazas y la destrucción material de los medios de comunicación violan los derechos fundamentales de las personas y coarta la libertad de expresión de manera severa. Es responsabilidad de los Estados prevenir e investigar estos hechos, sancionar a quienes los cometieron y garantizar una reparación adecuada para las víctimas.

10. La investigación y difusión de información de interés público no deben ser obstaculizadas ni limitadas por las leyes de privacidad. Solo las sanciones civiles pueden salvaguardar la reputación de un funcionario público, persona pública o individuo que se haya involucrado voluntariamente en asuntos de interés público. En estos casos, es necesario demostrar que el comunicador tuvo la intención de causar daño o tener pleno conocimiento de que se estaban

difundiendo noticias falsas, o que se comportó con negligencia al buscar la verdad o falsedad de las noticias.

11. La sociedad tiene un mayor control sobre los funcionarios públicos. La libertad de expresión y el derecho a la información se ven afectados por las "leyes de desacato", que son leyes que penalizan la expresión ofensiva dirigida a funcionarios públicos.

12. Los monopolios u oligopolios que poseen y controlan los medios de comunicación deben estar sujetos a leyes antimonopólicas porque violan la democracia al limitar la diversidad y la pluralidad, lo que impide que los ciudadanos tengan acceso completo a la información. Es importante que esas leyes no sean exclusivas de los medios de comunicación. Para garantizar una igualdad de oportunidades en el acceso a los mismos, las asignaciones de radio y

televisión deben tener en cuenta principios democráticos.

La utilización del poder del Estado y los recursos de la hacienda pública; la asignación de prebendas arancelarias; la asignación arbitraria y discriminatoria de publicidad oficial y créditos oficiales; el otorgamiento de frecuencias de radio y televisión, entre otras, con el fin de presionar, castigar o privilegiar a los comunicadores sociales y a los medios de comunicación en función de sus líneas informativas, atenta contra la libertad de expresión y la libertad de Los medios de comunicación social tienen derecho a trabajar por su cuenta. La libertad de expresión está en conflicto con las presiones directas o indirectas para silenciar la labor informativa de los comunicadores sociales.

Trabaja Contigo Mismo Primero.

Intenta evaluarte.
La reflexión personal es esencial para el desarrollo y juega un papel importante en las relaciones. Muchas personas no pueden reconocer sus errores y se niegan an aceptar sus propias equivocaciones. Por el contrario, prefieren culpar a los demás y se consideran víctimas en todas las situaciones. Esto puede detener el progreso de una persona y afectar negativamente su relación.
Antes de empezar a trabajar para mejorar la relación con tu pareja, debes empezar por ti mismo, lo que significa que debes dar un paso atrás y analizar cuál es tu papel en las cosas. Sitúate en alguna de las situaciones en las que has estado y considera cuál fue tu actitud en ese momento. Si intentas verlo desde el punto de vista de una tercera persona, te darás cuenta de que tu papel fue tan importante como el de tu pareja, aunque

no lo consideraras así en ese momento. Puede haber reaccionado proyectando culpa o ira, o incluso causando daño, aunque luego te arrepintías. Para evitar esta tendencia, dedique tiempo a la reflexión. Si está dispuesto/a an aceptar la crítica constructiva, pídele opinión a tu pareja o an otras personas.

¿Cómo es su comunicación verbal y no verbal en general? Muchas personas no son conscientes de la importancia de la comunicación no verbal. Las mismas palabras pronunciadas en diferentes gestos y tono pueden tener un significado totalmente diferente.

La mayoría del tiempo pueden decir muchas cosas sin tener que decir una sola palabra. Por esta razón, trabajar en tu lenguaje corporal es crucial. Tu relación se verá significativamente mejorada si mejoras la forma en que te comunicas con la otra persona. Si quieres mejorar tu relación con alguien más, la primera parte del proceso es trabajar personalmente para identificar tus defectos.

No significa que siempre tengas razón o que nadie es mejor que tú. No es por eso que te digo que debes trabajar en ti. La cuestión es que siempre puedes mejorar a ti mismo. Tú eres la única barrera para la mejora, y siempre hay un margen de mejora. Si pones un poco de esfuerzo, también puedes ser una mejor persona, lo que te permitirá rendir mejor en todo lo que te propongas, desde el trabajo a tus relaciones. Puede hacer algunas cosas para lograrlo. Las estrategias de desarrollo personal pueden ayudarlo a cambiar su vida.

Deja de lado algunos de tus malos hábitos. Puede ser algo insignificante en este momento. Aproveche este momento para cambiarlo. Si suele dejar que suene el despertador cinco veces antes de salir de la cama, intente despertarte mañana de inmediato. Si suele dejar la cama deshecha, intente hacerlo al despertar. No use su teléfono móvil hasta después de tomar su desayuno y meditar un rato, en lugar de revisar sus redes sociales. Puede que no quieras hacer un cambio, pero sepas que si lo haces, tu vida mejorará. Entonces, ¿por qué no comenzar de inmediato en lugar de dejarlo fluir por la mente? Si te esfuerzas un poco, puedes ser una de las personas a las que admiras. Ese pequeño esfuerzo es lo único que te falta. Te ayudará a hacer cambios más grandes en el futuro comenzando con cambios pequeños.

Identifica ¿Cómo te comunicas?

La forma en que interactúas con los demás afectará la forma en que se desarrollarán tus relaciones. La forma en que interactúas y hablas con las personas que te rodean revela mucho sobre quién eres. La comunicación verbal siempre viene a la mente cuando se piensa en comunicación. La comunicación no verbal es mucho más importante del que crees. Puede que no sea suficiente cambiar sus palabras. Además, debes cambiar cómo hablas. Las palabras en un tono pueden significar algo completamente diferente en otro tono. Merece la pena dedicar un poco de tiempo al lenguaje corporal, ya que es una forma efectiva de expresarse.

Para empezar, debe comprender la comunicación no verbal. No es solo tu punto de vista. Hay muchos otros factores a considerar. Tus gestos y expresiones faciales transmiten una variedad de información como parte de tu lenguaje corporal. Tu vida se basa en la comunicación no verbal. Debe aprender an observar a los demás y controlar su lenguaje corporal. Podrás anticipar la respuesta de la otra persona observando su lenguaje corporal.

Las acciones tienen una mayor influencia que las palabras. Con frecuencia, tu lenguaje corporal será suficiente para comunicarte. Y al hablar, puedes usar tu lenguaje corporal para reforzar lo que dices.

Necesita prestar atención a su lenguaje corporal mientras conversa con su pareja, amigos o familia. Cuando te hablan, presta toda tu atención an ellos. Gira tu cuerpo en su dirección e inclínate hacia ellos. Mantén el contacto visual. Demuéstrales que estás escuchando y prestando atención a lo que te están contando. Cuando te hablan, no mires an otro lado. Es una falta de respeto y les hará sentir que no te importa lo que te están diciendo. Cuando estás discutiendo con alguien, tu lenguaje corporal también tiene un impacto. No te sientas demasiado cerca y no invadas su espacio personal. No intentes intimidarlo. Esto es particularmente crucial cuando tienes una discusión con tu pareja. Una actitud dominante no ayudará a tu relación. Prefiera discutir con respeto. Evite hacer ruidos o gritar. No use el dedo para señalar o poner las manos en la cintura. Esta actitud carece de respeto. Cuando la otra persona se sienta, no permanezca de pie. Evite hacer gestos amenazantes. Es crucial controlar este tipo de gestos.

El Desarrollo De La Comunicación No Verbal En Los Niños

Los animales suelen comunicar su estado interno a través de interjecciones, mientras que el ser humano puede expresar su opinión sobre el entorno dando nombres a los objetos que lo rodean.

Por el contrario, cuando queremos expresar emociones, no necesitamos usar el lenguaje porque tenemos una amplia gama de expresiones innatas.

El lenguaje probablemente se creó con la intención de transmitir ideas sobre eventos ambientales específicos, necesarios para trabajos colectivos como la caza. Los niños utilizan sus primeras oraciones para expresar sus opiniones sobre su entorno, y sólo mucho más tarde también pueden expresar verdaderamente sus emociones.(2) El desarrollo del habla es mucho más importante que el origen y el desarrollo del comportamiento no verbal (comunicación no verbal). A pesar de que encontramos muchas señales no verbales durante los primeros años de vida de un niño. El recién nacido también aprende an interpretar las señales no verbales de los demás.

El vínculo entre la madre y el hijo es fundamental y no se desarrolla por el camino del amor a sí mismo del niño porque la madre lo alimenta.Las relaciones posteriores entre madre e hijo se desarrollan a través de procesos de aprendizaje individualizados. Por lo tanto, se puede afirmar que "hablar con alguien", como todos sabemos, no implica obligarse a hablar con él. Para citar una expresión popular, es hablar teniendo en cuenta sus reacciones, su presencia; es tener que ver con él. Desde el nacimiento, se les habla de esta manera, y en ese momento es su cuerpo, su apariencia física y su comportamiento el tema de nuestras conversaciones. (4) El recién nacido tiene una variedad de patrones de conducta funcional. Se trata de patrones filogenéticos como el automatismo de búsqueda, que implica una rotación de la cabeza. Una pequeña muestra de los movimientos que realiza el niño para su alimentación y protección son la succión del pecho y el reflejo de aprehensión.

Nos encontramos con la sonrisa y los llantos del recién nacido. El llanto es una especie de llamada de abandono, que se calma rápidamente tomando al niño en brazos.

La sonrisa parece calmar e incluso reforzar la conexión con la madre.

Durante el sueño y después de comer y beber, la sonrisa surge espontáneamente. Además, cuando le cambian los pañales. Hacia los cuatro meses de edad, maduran los gritos y las risas alegres. La sonrisa espontánea original se separa de la sonrisa respuesta (intencional) a lo largo del desarrollo infantil. La primera podría considerarse una "mueca" de placer físico, mientras que la segunda solo aparecerá cuando haya una relación mutua que haga sonreír. Del segundo al cuarto mes de vida, esta última se desarrolla. Por lo tanto, se puede afirmar que ciertos patrones de comportamiento de la primera infancia se incorporaron como movimientos de expresión en el repertorio de los adultos.

Los investigadores actuales (todos los que cito en este capítulo del trabajo) están de acuerdo en que el recién nacido tiene una gran habilidad comunicativa.

Es cierto que en esa edad el lenguaje del adulto no está presente, pero el niño es ya receptivo a la voz humana. No obstante, es importante recordar que la eficacia de la comunicación depende del contexto. En cuanto a la sonrisa, no se desarrolla socialmente hasta los tres o cuatro meses. A partir de ese momento, la sonrisa se vuelve instrumental, es decir, se sonríe para obtener algo.(5)

Bruner, J., presentó sus teorías en 1975 (6) sobre cómo el niño aprende normas sociales antes de hablar. Por lo tanto, para ejercer el habla, es necesario considerar la presencia de un "Sistema de apoyo a la adquisición de lenguas" (LASS), en contraste con la afirmación de Chomsky de que el niño tenía un LAD. Dichas teorías son:

La comunicación "por otros medios" es anterior a la comunicación lingüística y, en sus formas más primitivas, desempeña algunas de las funciones que luego desempeñará el lenguaje.

La adopción de procedimientos más convencionales y combinables para el cumplimiento de diversas funciones es esencial para la eficacia de esta primera comunicación. Estos procedimientos incluyen gestos vocales y otros.

Es común que surjan formatos de nuevos procedimientos para realizar funciones que anteriormente eran realizadas por formas más antiguas, como si fuera un proceso de reemplazo.

Hay un proceso en el que nuevas funciones son "descubiertas" utilizando el dominio de procedimientos usados anteriormente de manera diferente.

Parece que la comunicación puede realizar ilimitadas funciones. La aparición de un sistema léxico-gramatical y el acceso a formas de comunicación cultural aumentaron el número de funciones.

Al final de este período, descubrimos el lenguaje del niño. Por lo tanto, se puede decir que "La comunicación supone el establecimiento de ciertos mecanismos lingüísticos y no lingüísticos, entre, al menos, dos interlocutores que establecen una actividad en común".(7)

De acuerdo con Eibl-Eibesfeldt, la unidad primitiva de los sentidos del hombre incluye variaciones visuales que tienen consecuencias táctiles. Esta noción se remonta al Sensorio común de Aristóteles, así como an investigadores actuales como Bower. Esta unidad antigua forma parte de la estructura del sistema nervioso humano. Los niños de dos semanas responden a las impresiones visuales y táctiles, lo que demuestra que esta habilidad es innata.

Según Knupp ML (8), un bebé responde positivamente a los ojos de su madre. El contacto ojo-ojo puede ocurrir ya en la cuarta semana del recién nacido. Los recién nacidos comienzan an emitir sonidos de inmediato. Los primeros llantos del bebé son indiferenciados y reflejos, pero más tarde serán respuestas a motivos de dolor, cólera y frustración. La expresión facial es otro aspecto crucial. En un bebé, no aparece hasta el tercer mes o sexto mes. Las expresiones faciales pueden reconocerse al final del primer año de vida. Es importante tener en cuenta que los niños suelen expresar sus emociones con más partes del cuerpo y de manera menos sutil que los adultos, debido a la falta de lenguaje para comunicarse. Sin embargo, a medida que el niño crece, la sutileza y la capacidad de reconocimiento se hacen más complejas conforme a su desarrollo muscular.

En los últimos años, la importancia de investigar el desarrollo de los recién nacidos ha aumentado. Tanto es así que la etología humana completa los estudios de los lingüistas y psicólogos sobre el desarrollo de la comunicación en los bebés. Los trabajos del profesor Montagner, H. (9) y colaboradores son un ejemplo. Sus hallazgos son definitivos, pero también destacan las investigaciones en etología humana en psicología experimental, clínica y social. Como se mencionó anteriormente, estas investigaciones brindan nuevas perspectivas para comprender el desarrollo infantil.

Una de sus afirmaciones confirma la importancia crucial que tiene el establecimiento de los primeros vínculos afectivos entre la madre y el recién nacido, y cómo dependen del intercambio de información a través de los canales sensoriales auditivos, visuales, olfativos y somestésicos.

Recalcan la importancia del olfato como regulador de los intercambios entre la madre y el lactante y su papel comunicativo con el niño durante su vida posnatal. Montagner, H. también menciona que los niños, desde los seis meses hasta el primer año de vida, tienen un repertorio común de gestos, mímicas, posturas y vocalizaciones que parecen ser los universales de la especie humana. Sin embargo, no se ha encontrado un origen genético de estos universales.

Montaner et al. descubrieron que los niños durante el segundo año de vida manifiestan tendencias de comportamiento a través de un proceso de diferenciación y selección de ciertos tipos de comportamiento. Estas tendencias de comportamiento se fortalecerán durante el segundo y tercer año de vida, lo que caracterizará el perfil de comportamiento del niño. Sin embargo, según Montagner, H., la diferenciación de dicho perfil está directamente relacionada con el ambiente familiar (principalmente la relación madre-hijo) y la dosificación de ciertas hormonas secretadas por la corteza de las glándulas suprarrenales. Estos hallazgos han demostrado la existencia de correlaciones entre la estructura del comportamiento relacional (perfil de comportamiento), la estructura y la variabilidad de las curvas circadianas de los L7 OHCS (metabolitos urinarios d Estos hallazgos demuestran la importancia de la etología no solo por motivos de investigación, sino también porque tiene el potencial de cambiar la forma en que se trata al niño durante su desarrollo.

www.ingramcontent.com/pod-product-compliance
Lightning Source LLC
Chambersburg PA
CBHW050252120526
44590CB00016B/2319